U0930944

**图书在版编目(CIP)数据**

我是乔布斯 / (韩) 南庚完，(韩) 安熙建著；武传海译. —北京：中国书籍出版社，2012.5
ISBN 978-7-5068-2824-6

Ⅰ. ①我… Ⅱ. ①南… ②安… ③武… Ⅲ. ①乔布斯，S. (1955～2011) —传记 Ⅳ. ①K837.125.38

中国版本图书馆CIP数据核字(2012)第088477号

著作权登记号/图字：01-2012-0813



策划编辑 / 赵书亚
责任编辑 / 高　雅　赵书亚
责任印制 / 孙马飞　张智勇
责任校对 / 方加青
出版发行 / 中国书籍出版社　北京希望电子出版社
地址：北京市丰台区三路居路97号 (邮编：100073)
北京市海淀区上地三街9号嘉华大厦C座610 (邮编：100085)
电话：(010)52257143 (总编室)　(010)52257153 (发行部)
(010)82702677 (总编室)　(010)62978181 (发行部)
电子邮箱：wuty@bhp.com.cn

经销 / 全国新华书店
印刷 / 北京博图彩色印刷有限公司
开本 / 889毫米 × 1194毫米　1 / 16
印张 / 3（全彩印刷）
字数 / 71千字
版次 / 2012年6月第1版　2012年6月第1次印刷
书号 / ISBN 978-7-5068-2824-6
定价 / 29.80元

# 我是乔布斯

STAFF

# 我是乔布斯

【韩】南庚完/文 |【韩】安熙建/图

武传海/译

中国书籍出版社

北京希望电子出版社
Beijing Hope Electronic Press
www.bhp.com.cn

## 史蒂夫·乔布斯

大家好，我是史蒂夫·乔布斯！

推出iPod、iPhone、iPad的那个人就是我。

人们给我取了好多不同的名字，有人称赞我是敢于推陈出新的创新标兵，也有人叫我怪癖天才或者发明达人。

我与人们想象的那个乔布斯稍有不同。我经常会梦见海盗，因为我也想像海盗一样打破常规，尝试挑战。如果我能够改变世界，推动人类历史前进哪怕一小步，那该是一件多么有意义的事情！我从不惧怕尝试新的事物，相反地，我对一切新的东西充满好奇。

“加油！一直坚持到我成功为止！”
我太讨厌失败了，有一次游泳考试成绩不及格，我忍不住哭了……

1955年2月24日，我出生在美国旧金山，由于我的亲生父母没有能力养育我，我一出生就被别人领养了。但是我从不认为自己是被抛弃了，因为我的养父母经常对我说："你是我们最喜爱的孩子。"所以我十分爱他们，把他们当做我最亲的爸爸妈妈。

小时候我是个捣蛋鬼。经常因为吃了蟑螂药被紧急送到医院，或者把发卡插到电器插座上而把手烧伤。这都是因为我好奇心太强，看到新奇的东西就不会轻易放过。我家那间堆满了各种零部件和新奇工具的车库，是我最喜欢的地方，它比游乐场更吸引我。当别的孩子都缠着父母买玩具的时候，我却自己组装电子设备，制作属于我自己的玩具。

如果学校像我家车库那么有意思该有多好！但不幸的是，学校的生活太枯燥无味了。我只能用顽劣的恶作剧来打发时间。我把同学的自行车锁的密码给修改了，又在老师的椅子下面放些一挤压就爆炸的玩具火药。我还带领着同学们在教室里跟小狗和小猫乱跑，把“带着宠物上学”几个字制作成大海报，贴在墙上……这一切真是有意思极了！

老师们只要一听到我的名字，都会不住地摇头表示无奈。只有泰迪·希尔老师例外。

泰迪·希尔老师懂得如何管教我。

“乔布斯，这是一本比你大几个年级的学生看的数学书，如果你能解答书里面的问题，我就奖励给你一颗糖和5美金。”

我只用了两天时间就把所有的数学题都解答出来了。虽然我一直都喜欢数学和科学知识，但是真正对学习这件事产生兴趣却是从那个时候开始的。

由于对学习产生了兴趣，我的成绩直线上升，比其他同龄的孩子早一年升入了中学。

克里滕登中学是和小学完全不同的世界。同学们经常混在一起打群架，对学习一点也不上心。与他们打架斗殴比起来，我以前挑起的事端都只能算是可爱的恶作剧。

我闹着要转学，父母也拿我没办法，因为我天生就有着想做就一定要做到的牛脾气。最终我们全家搬到了美国西海岸的洛斯拉图斯，我也转学到了另一所学校学习。

洛斯拉图斯是我后半生一直居住的城市。我家附近的邻居是在美国航空航天局工作的科学家，他们的车库里都有很漂亮的工作台。一有时间我就在邻居的车库里探头探脑，有时候去拣些废弃的零件，有时候向他们抛出些与工程学科相关的晦涩难题来显显威风。

只要是与电子工程学有关的问题，我都会很自信地不需要任何人的帮助。因为我自己拆装过数以万计的电子设备，对这些零件相当了解。但是我的这种自信从遇到斯蒂夫·沃兹尼亚克以后就彻底粉碎了。

有一天，邻居比尔·费尔南德斯突然兴高采烈地对我说：

“乔布斯，有一位大哥哥你必须见见，叫做沃兹尼亚克的，他可是电子工程学的天才！”

比我大5岁的沃兹尼亚克，那个时候已经开始独自制作电脑了。当我看到沃兹尼亚克制作的电脑后简直震惊了，因为它看起来比那些知名的电脑公司制作出来的电脑要好很多。

沃兹尼亚克和我很快就成了好朋友。虽然他比我大，但是我们俩有很多相似的地方：两个人都对电脑痴狂，都喜欢突发奇想。我们还一同参加了精通电脑的黑客们组织的聚会。

沃兹尼亚克是那个时候我所认识的最精通电子工程学的人。但这并不意味着我会对他甘拜下风。虽然我不像沃兹尼亚克那样精通理论知识，但是我有他所不具备的胆识。

这体现在我们制作频率计数器的时候。频率计数器是一种计算电波或音波1秒内跳动次数的机器。但是制作这个机器需要用到惠普公司——美国最大的电子通信公司生产的几个部件。

于是，我翻开电话号码簿，给惠普公司的董事长比尔·休利特打电话。

“您好，我叫史蒂夫·乔布斯，我正在制作的频率计数器上需要贵公司的几个部件，您能给我发过来吗？”

很唐突对吧？但这是能够获得部件的最快、最直接的方法。很幸运的是，比尔·休利特爽朗地笑笑，把部件给我发过来了。就这样，我顺利完成了频率计数器的制作。

沃兹尼亚克的技术加上我的胆识，岂不是会让世界震惊？基于这样的想法，我们俩于1971年秋天，第一次合作发明了蓝盒子。

蓝盒子是用一小块电路板做成的小装置，用来控制美国电话电报公司的电话交互机，用它可以免费打电话。一开始我们只是把蓝盒子当做一个有趣的玩具，但是后来随着对它感兴趣的人越来越多，我们就想着是否可以尝试用蓝盒子来制作一种不一样的东西。

一直到美国电话电报公司举报我们为止，我们大约卖出了100台蓝盒子。我们的第一份事业真是让人信心倍增！

我一直忘不了这件事。因为蓝盒子是沃兹尼亚克和我制作的第一个“商品”。

当然，制作并出售蓝盒子是不对的，因为虽然蓝盒子只是个玩具，但显然它是对别人电话的盗用。但是，无论如何，我们的确制作出了人们生活中必需的某种东西，这是一个无可争辩的事实。

1972年，我考入大学。但是由于厌恶高学费和无聊的课业，我只读了半年就辍学了。

我觉得通过上大学没有办法预知自己的未来，最重要的是，我要弄明白自己到底想要什么。

辍学后我依然去听课，不过只是偷偷地去听那些我觉得有趣的课程。那时候听的最有意思的课程要数书法课了。书法课讲授的是文字的奇妙组成和构造，所谓的文字构造，是一件艺术性很强的技术活。

1974年，我开始到一个叫雅达利的视频游戏公司上班。那时的想法跟制作蓝盒子的时候一样，依旧是只喜欢做自己想做的事情。

1975年1月，当看到电脑杂志上的一则报道的时候，我有了新的想法。那是一则关于牛郎星电脑的报道。在电路板上插有数十个芯片的牛郎星电脑就是最原始的小型电脑。在牛郎星电脑问世之前，最小的电脑也有衣柜那么大，不但操作起来非常麻烦，而且价格贵到普通人连想都不敢想。

那么，现在你应该知道我在想什么了吧？我决心要把笨重复杂的大型电脑变得轻巧简单！也就是说，要把只有学校和大企业里的专家们才能用的电脑，搬到家家户户的书桌上，让普通人都可以很方便地使用！

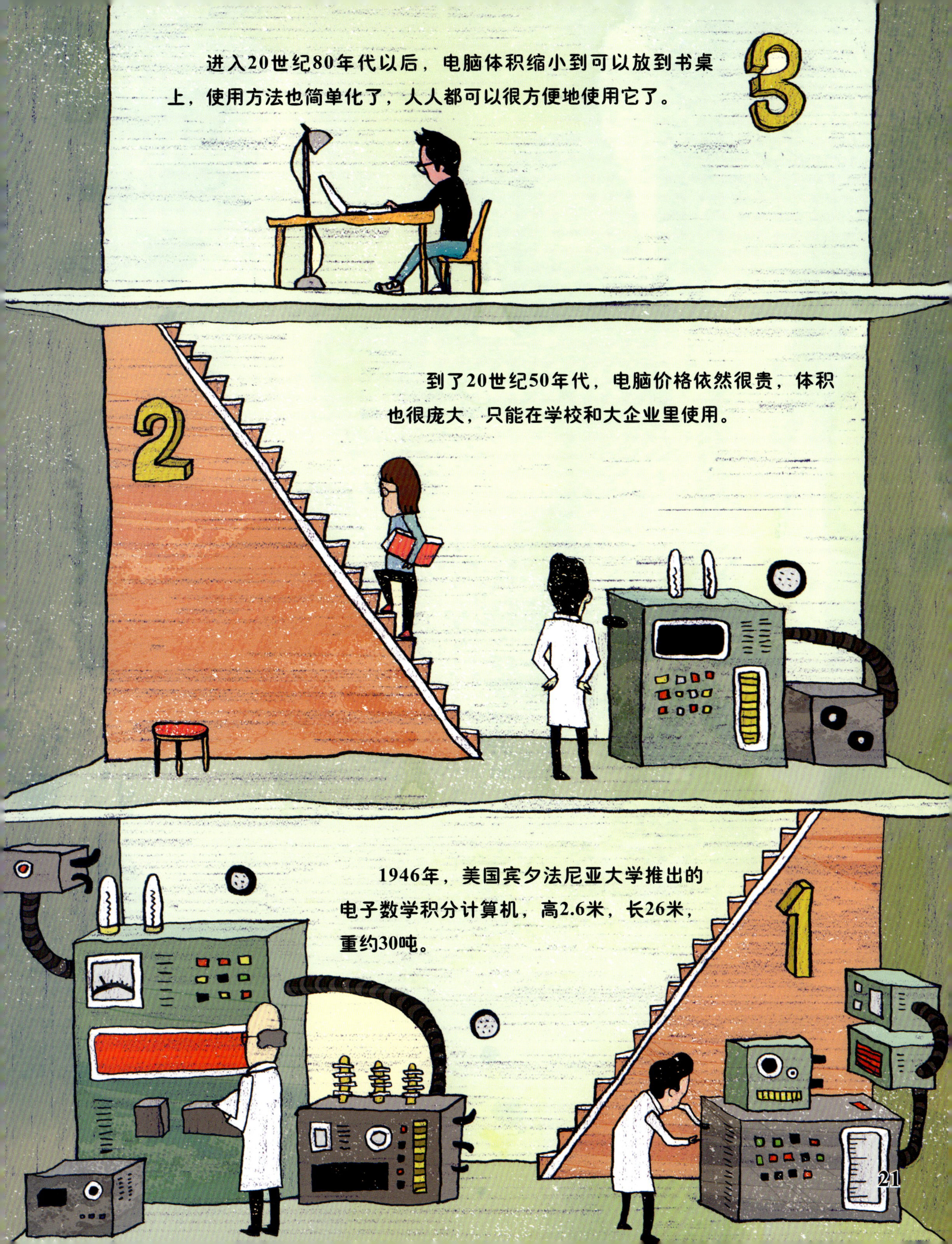
进入20世纪80年代以后，电脑体积缩小到可以放到书桌上，使用方法也简单化了，人人都可以很方便地使用它了。
3
到了20世纪50年代，电脑价格依然很贵，体积也很庞大，只能在学校和大企业里使用。
2
1946年，美国宾夕法尼亚大学推出的电子数学积分计算机，高2.6米，长26米，重约30吨。
1

1976年4月1日，我跟沃兹尼亚克合作创立了苹果电脑公司。

沃兹尼亚克从牛郎星电脑里得到启示，找到了兼容主板和显示器的电脑的制作方法。而我则四处奔波，寻找买家。

虽然那时候公司经营惨淡，甚至连买部件的钱都没有，我却信心满满。因为我觉得，只要沃兹尼亚克和我一起，就可以改变世界。

苹果电脑的第一代产品AppleⅠ还只不过是一块电路板而已，但是AppleⅡ已经是真正的电脑了，具备了跟现在的电脑类似的塑料机箱和彩色显示器，还配有像插座那样的电源装置。

AppleⅡ与之前的体积庞大的计算机完全不同。自从它面世后，电脑就成了人们工作和娱乐时不可或缺的东西。

到了1980年，我们大约销售了100多万台苹果电脑，创造了一个新的销售奇迹。Apple Ⅱ成了人人都想拥有的东西。从我家车库里起步的小小的苹果电脑公司，逐渐成长为人们赞叹不已的大公司。

虽然公司规模变大了，但是我依然我行我素，管理职员也是按照自己的方式行事。对有工作能力的职员态度亲切，但是对那些我认为没有工作能力的职员则毫不留情地给予批评。因为我不是那种善于沟通和懂得察言观色的人。

我经常会说："这个设计太不靠谱了，没有人会选择使用这样的电脑！"

"零部件的价格还得降！要知道我们不单单是为几个电脑狂而制作电脑！"

越来越过分了啊！
这个想法简直太糟糕了！这种东西到底想用在什么地方？你被解雇了！
MUSIC EDITION
DIGITAL PRODUCTION SERVICES

1981年8月，规模比苹果公司大十倍的IBM公司率先推出了个人电脑。我当时就像站在巨人歌利亚对面的大卫[1]，把IBM公司推出的新电脑从头到尾拆开看了个遍。

1 大卫与歌利亚：据《圣经》记载，歌利亚将军拥有无穷的力量，所有人看到他都要退避三舍。不过当时还是小孩子的大卫却用投石机打中歌利亚的脑袋。

IBM公司推出的电脑，款式不算精美，既没有应用新技术，操作方法也不易学，也没有考虑到使用者的感受。我充满自信地大声喊道：“IBM，我会超越你的！”

鉴于与IBM公司在美国计算机市场的竞争角逐中获得了巨大成功，苹果电脑和我的名字更加为世人所熟知。1982年的《时代》杂志封面上还刊登了我的照片。在那张照片下面有一行字：用自己的力量开创了个人电脑的新时代。

解雇
史蒂夫·乔布斯

AppleⅡ虽然是一款让人们震惊的电脑，但是与电话、收音机、电视比起来，操作方法还是比较复杂的，所以我一定要制造出更加容易操作的电脑！但是期待会震惊全球的Apple Ⅲ、Lisa（丽萨）电脑和麦金塔电脑相继面世后，一时间惹起了不少争议。Apple Ⅲ动不动就出故障，Lisa价格太贵，而且处理速度很慢。

而1984年推出的麦金塔电脑市场反响却相当好。因为它采用了通过点击快捷图标打开运行程序的方式，使不懂电脑命令语言的人也能够轻松操作。但是自从IBM公司推出了跟麦金塔类似的电脑以后，麦金塔的人气就急剧下降。价格昂贵而且不能同时使用其他电脑部件的麦金塔电脑，开始淡出人们的视线。

因为这件事，我被苹果公司解雇了。理由是，我给公司造成了巨大的损失。

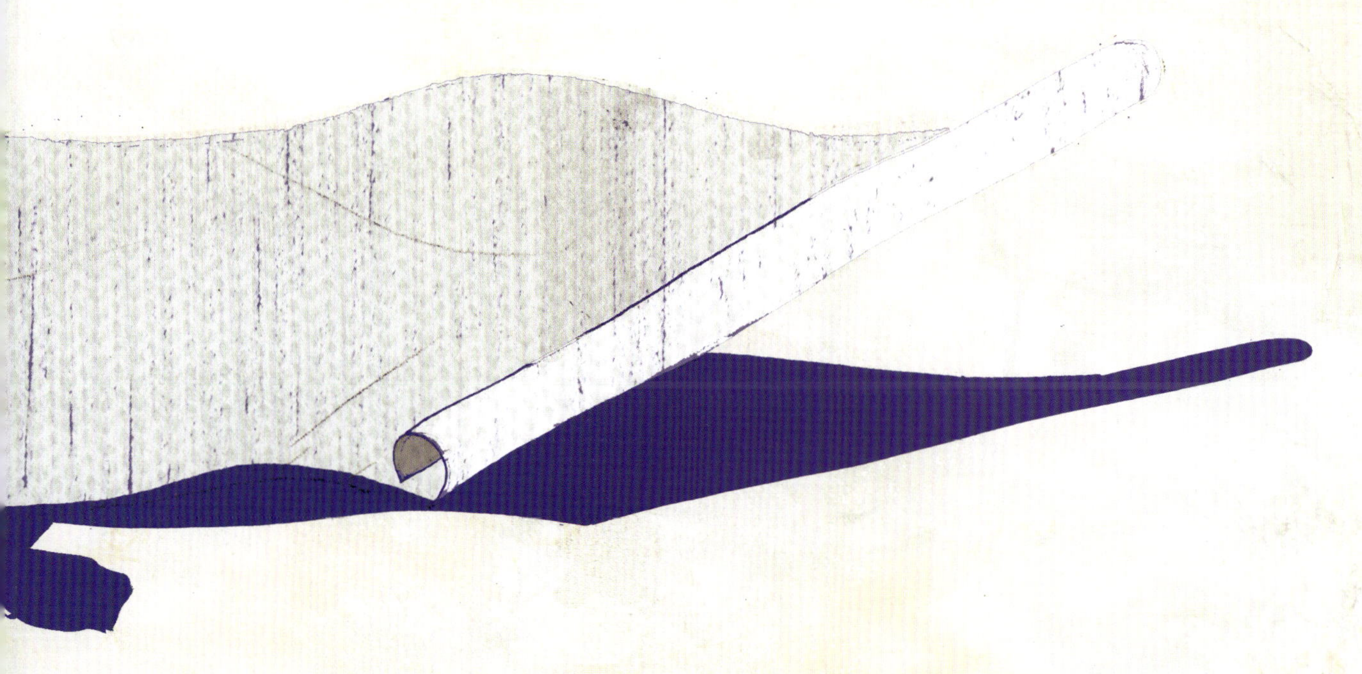

很长一段时间，我什么事情都不做，因为我还是不能相信，我竟然被自己创立的公司解雇了。但是我知道不能这样坐以待毙，我要给赶我出来的人一点颜色看看。

我重新成立了一家新的公司，叫做NeXT计算机公司。同时还收购了电脑绘图功能卓越的皮克斯工作室。NeXT和皮克斯合作推出的电脑，虽然比任何电脑的性能都强大，但还是那个问题，价格昂贵、操作繁琐。后来我把目光转向了皮克斯工作室制作的动画片。我觉得皮克斯为宣传电脑的绘图功能而开始制作的动画片，能够改变世界。

1995年，皮克斯工作室制作推出的动画片《玩具总动员》获得了巨大的成功。《玩具总动员》是首部不用摄像技术，单纯依靠电脑绘图来完成的动画片。在此之前，动画片都是用手工一个个画出来，然后制作成的。依靠电脑来制作动画片在当时是一件不能想象的事情。但是皮克斯工作室用电脑制作出了完美的故事，这就意味着任何人都可以用电脑制作出自己的故事。

此时，苹果公司由于长期开发不出新产品，陷入了经营困难。人们对苹果电脑不再青睐。

我不能任由苹果公司就这么倒下去。毕竟它最初是我创立的公司，没有人比我更爱苹果。最终，我于1997年重新回到了苹果公司。

为了挽救苹果公司，我决定再一次推出能够震惊世界的产品。1998年推出的iMac正是这样的电脑。iMac比那时候的任何一台电脑都帅气。它集显示器和主机于一身，并且是半透明的海蓝色，就如同科幻电影里的电脑一样。因为在此之前的电脑大部分都是沉闷的灰色和驼色。

iMac上市仅仅6周，市场销量就超过了27万台。苹果公司又获得了新生！

2001年，我又相继推出了带有MP3播放功能的iPod。iPod与那时候市面上的MP3完全不同。因为它是运用了一种直接从电脑里购买音乐文件进行管理的iTunes应用程序。人们不仅可以通过iTunes获得音乐，还可以将自己制作的音乐与别人分享。iPod和iTunes改变了人们享受音乐的方式。

2007年，在手机中添加iPod和电脑功能的iPhone问世。紧接着2010年，平板电脑iPad问世。人们用iPhone和iPad在任何时候、任何地方都可以随心所欲地搜索网络、收发邮件、看视频或者拍照片。智能手机iPhone和平板电脑iPad彻底改变了人们的生活。

时至今日，苹果已不再是一家单纯的电脑公司，而是一家能够推出震惊全球产品的上市公司。

9:41 AM
Small's
& Co.

在我小的时候，电脑是只有专家才可以操作的、复杂难懂的机器。Apple Ⅱ和麦金塔电脑的问世，使得电脑成为人人都能够使用的、有趣的工具。

iPod、iPhone和iPad，为人们展现了更为神奇的世界。拥有了它们，人人都可以成为制作美妙音乐的作曲家，拍摄漂亮镜头的摄影家，甚至成为电影导演也不再是梦想。人与人之间的沟通方式，人们对文化的感悟以及获取知识的方法，所有这一切都被彻底改变了。

我已经实现了改变世界的梦想了吗？有一点是可以肯定的，那就是，只有那些认为自己一定能够改变世界的人，才可以为世界带来变化。因为这些人可以带动周围的人，推动世界前进。

不要忘记：要具有敢于挑战的勇气和可以改变世界的自信。

史蒂夫·乔布斯于2004年被诊断为患有胰腺癌，然后接受了手术治疗。2009年又进行了肝脏移植手术。但是一直自称是海盗的史蒂夫·乔布斯却能勇敢面对死亡。他与病魔作斗争的同时，推出了震惊世人的iPhone和iPad。2011年10月5日，史蒂夫·乔布斯最终离开了人世。但是他所展现出的想象力、热情和能量一直在告诉着世人，一个人究竟可以给世界带来多大的改变。

# 附录　震惊世界的史蒂夫·乔布斯

史蒂夫·乔布斯在电脑、音乐、电影和通信领域掀起了创新的潮流。从1976年史蒂夫·乔布斯与斯蒂夫·沃兹尼亚克一起制作的第一台苹果电脑，到平板电脑iPad的问世，史蒂夫·乔布斯总是能够推出人们想象不到的东西，让世界为之震惊。

## 1. 苹果电脑

1977年，史蒂夫·乔布斯推出了个人电脑AppleⅡ，获得了巨大的成功。AppleⅡ使不懂电脑的人可以轻松方便地使用电脑。

1997年，史蒂夫·乔布斯重新回到苹果公司后，他又领先推出了以独特设计和华丽色彩而广受欢迎的iMac，使得苹果公司渡过困难时期，扭亏为盈。

## 2. 电脑动漫

1986年，史蒂夫·乔布斯开始对皮克斯工作室制作的电脑动画片产生兴趣，他从《星球大战》的导演乔治·卢卡斯手中收购了皮克斯工作室。1995年，皮克斯工作室推出的《玩具总动员》成为世界上第一部完全用电脑完成的动画片，这也让史蒂夫·乔布斯的名字更加为世人所熟知。

**皮克斯工作室先后推出的《玩具总动员》《海底总动员》《虫虫特工队》《怪物公司》等动画片广受人们喜爱。**

## 3. iPod 和iTunes

史蒂夫·乔布斯于2001年推出的MP3播放器iPod，以精练的设计和简便的触摸方式，获得了巨大的成功。再加之史蒂夫·乔布斯于2001年推出的iTunes软件，使用者可以通过iPod获取音乐、电影、录像等，它不仅改变了人们听音乐的方式，也促进了整个音乐市场的发展。

**乔布斯曾经预言，iPod以外的其他MP3将逐渐消失，退出市场。正如他所言，iPod以iPod mini、iPod nano等多种款式相继占领市场，受到人们的青睐。**

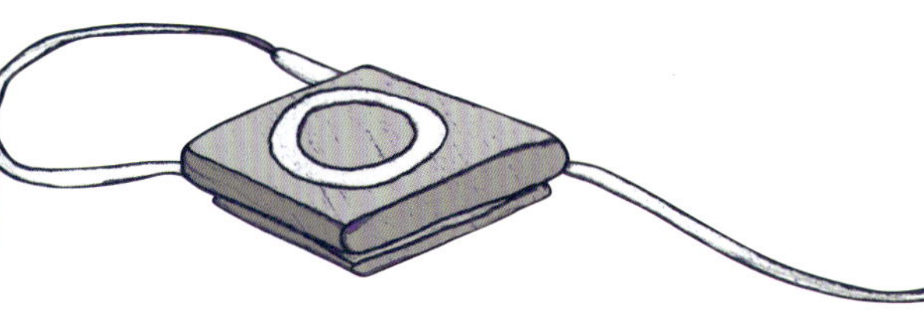

#### 4. iPhone

2007年推出的iPhone瞬时间吸引了全世界的眼球。在手机上添加了iPod和电脑功能的iPhone使得史蒂夫·乔布斯和苹果公司迎来了事业的巅峰期。iPhone的问世，让人们能够随时随地随心地搜索网络、收发邮件、拍摄并编辑录像和照片。

**iPhone被称作是"像电脑一样的手机"、"手掌电脑"等，它在全世界掀起了智能手机的狂潮。**

#### 5. iPad

2010年面世的iPad是具有触摸屏幕的平板电脑。它通过屏幕上显示的虚拟键盘进行文字输入。虽然iPad也有缺点，诸如不能连接笔记本电脑或台式机进行操作等，但是用它来读书读报、看电影、玩游戏等，还是很受人们的欢迎。

# 史蒂夫·乔布斯生平

| | |
|---|---|
| 1955年 | 2月24日出生于美国旧金山 |
| 1972年 | 就读于里德学院，半年后退学 |
| 1976年 | 与斯蒂夫·沃兹尼亚克一起创立了苹果电脑公司 |
| 1977年 | 推出个人电脑——Apple Ⅱ |
| 1984年 | 推出麦金塔电脑 |
| 1985年 | 被苹果电脑公司解雇，创立NeXT计算机公司 |
| 1986年 | 收购皮克斯工作室 |
| 1988年 | NeXT公司推出的新电脑以失败告终 |
| 1991年 | 与劳伦·鲍威尔结婚 |
| 1995年 | 皮克斯工作室制作的长篇动画片《玩具总动员》上映 |
| 1997年 | 重新成为苹果电脑公司的最高经营者 |
| 1998年 | 推出iMac |
| 2001年 | 推出iPod |
| 2004年 | 进行了胰腺癌手术 |
| 2007年 | 推出iPhone |
| 2009年 | 进行肝脏移植手术 |
| 2010年 | 推出iPad |
| 2011年 | 10月5日逝世 |

WALL.E